Ffydd Gristnogol

Alison Seaman ac Alan Brown

Cynnwys

Mynd i'r eglwys	7
Y Beibl	10
Iesu	14
Seintiau	15
Geni Iesu	16
Gwyliau	18
Priodas	26
Bedydd	28

Nodiadau ar gyfer Athrawon a Rhieni

Tudalennau 6/7 Rhywun sy'n dilyn Iesu Grist yw Cristion. Roedd Iesu'n byw tua dwy fil o flynyddoedd yn ôl yn y wlad yr ydym yn ei galw'n Israel erbyn hyn. Mae'r gair 'Crist' yn dod o air Groeg sy'n golygu 'eneiniog' a dyma oedd yr enw a roddwyd i Iesu gan ei ddilynwyr. Ar ddydd Sul y mae Cristnogion yn addoli fel rheol oherwydd credant mai ar ddydd Sul yr atgyfododd Iesu. Mae gwahanol eglwysi'n cynnig gwahanol ddulliau o addoli. Yn aml, mae teuluoedd yn addoli gyda'i gilydd ac mae llawer o eglwysi'n trefnu Ysgolion Sul ar gyfer plant.

Tudalennau 8/9 Mae'r gair 'eglwys' yn gallu golygu'r adeilad, (mae gan rai Cristnogion enwau gwahanol ar yr adeilad e.e. capel, neuadd gwrdd, tŷ cwrdd), ond gwir ystyr y gair 'eglwys' yw'r bobl sy'n addoli yno. Pan ddefnyddir y term 'yr Eglwys Gristnogol' mae'n golygu'r holl Gristnogion sydd yn y byd i gyd. Mewn rhai eglwysi, mae cynnau cannwyll yn symbol o'r gweddïau a offrymir i Dduw. Yn aml, gelwir Iesu'n 'oleuni'r byd' ac felly mae cynnau cannwyll yn symbol o bresenoldeb Duw.

Tudalennau 10/11 Mae gan y rhan fwyaf o eglwysi offeiriad neu weinidog sy'n gyfrifol am arwain a threfnu'r addoli. Mewn rhai eglwysi, dyn yw hwn bob amser ond mae dynion a menywod yn offeiriaid ac yn weinidogion mewn llawer o eglwysi. Un rhan o waith yr offeiriad yw helpu'r gynulleidfa i ddysgu a deall mwy am y Beibl. Mae'r Beibl Cristnogol yn cynnwys yr Hen Destament (a ysgrifennwyd mewn Hebraeg) a'r Testament Newydd (a ysgrifennwyd mewn Groeg). Ceir hanesion am fywyd Iesu yn yr Efengylau (gair sy'n golygu 'Newyddion Da') yn y Testament Newydd. Mae'r ddau Destament yn helpu pobl i ddysgu am gariad Duw tuag at y byd.

Tudalennau 12/13 Mewn llawer o deuluoedd, ceir Beibl sydd wedi'i drosglwyddo o'r naill genhedlaeth i'r llall. Mae Cristnogion yn credu fod y Beibl yn gallu eu dysgu a'u harwain mewn bywyd bob dydd. Un o'r pethau y mae Iesu a'r Eglwys yn eu dysgu yw bod Duw yn drugarog a'i fod bob amser yn maddau i bobl os yw'n wirioneddol ddrwg ganddynt eu bod wedi gwneud rhywbeth anghywir. 'Pechod' yw'r gair a ddefnyddir yn aml am fynd yn groes i ddymuniadau Duw.

Tudalennau 14/15 Defnyddiwyd gwydr lliw mewn eglwysi ers canrifoedd i ddarlunio digwyddiadau o'r Beibl, hanesion o fywyd Iesu, seintiau Cristnogol neu ddigwyddiadau pwysig yn hanes yr eglwys. Gellir defnyddio ffenestri i adrodd y stori Gristnogol, i helpu pobl i addoli neu i'w hatgoffa am Gristnogion sydd wedi rhoi esiampl dda i bobl eraill ei dilyn.

Tudalennau 16/17 Dywedir mai Sant Ffransis o Assisi, yn y drydedd ganrif ar ddeg, oedd y cyntaf i ddefnyddio model o'r stabl lle ganed Iesu. Nid oedd Cristnogion yn dathlu'r Nadolig am y tri chan mlynedd cyntaf ar ôl geni Iesu gan na wyddent ar ba ddyddiad y ganed ef. Yr Ymerawdwr Cystennin, yn y bedwaredd ganrif, a benderfynodd y dylid dathlu'r Nadolig ar

Ragfyr 25 a dyna a wnaed byth ers hynny. Mae llawer o draddodiadau wedi datblygu mewn perthynas â stori'r Nadolig sy'n gyfuniad o'r ddau hanes gwahanol a geir yn Efengylau Mathew a Luc.

Tudalennau 18/19 Mae Cristnogion yn rhoi anrhegion a chardiau i'w gilydd adeg y Nadolig, yn rhannol am fod Efengyl Mathew'n sôn am y Doethion (magi) yn dod â rhoddion i Iesu. Rheswm arall yw bod Cristnogion yn credu mai anrheg oddi wrth Dduw i'r byd yw Iesu. Yn hemisffer y gogledd, mae geni Iesu'n cael ei ddathlu pan fydd y dydd yn fyr. Mae gweld goleuadau'r Nadolig yn disgleirio yn y tywyllwch yn ein hatgoffa fod goleuni'n trechu'r tywyllwch a bod daioni'n drech na drygioni.

Tudalennau 20/21 Y Pasg yw gŵyl bwysicaf y calendr Cristnogol. Caiff digwyddiadau dyddiau olaf bywyd Iesu eu hailadrodd yn yr Wythnos Fawr, yr wythnos cyn y Pasg. Ar ddydd Gwener y Groglith y cafodd Iesu ei groeshoelio. Roedd ef yn fodlon marw er mwyn achub pobl y byd. Mae eglwysi'n llwm ac yn ddi-liw ar y diwrnod hwnnw ond mae yna naws ddisgwylgar hefyd. Cynhelir gwasanaethau a gwylnosau wrth i Gristnogion gofio am aberth Iesu.

Tudalennau 22/23 Ar Ddydd y Pasg, y diwrnod pryd y mae Cristnogion yn credu i Iesu atgyfodi, mae yna lawenydd mawr; caiff yr eglwysi eu haddurno â blodau ac mae lliw yn llifo yn ôl iddynt. Mae Cristnogion yn diolch oherwydd eu bod yn credu fod Iesu wedi trechu marwolaeth a'i fod wedi'i gwneud yn bosibl iddynt hwythau wneud hynny hefyd. Mae Cristnogion yn anfon cardiau ac yn cyfnewid wyau Pasg. Mae'r ŵy yn symbol o fywyd newydd ac, i Gristnogion, mae'r groes wag yn symbol o aberth Iesu ar ran dynolryw a'i fuddugoliaeth derfynol dros farwolaeth.

Tudalennau 24/25 Nid yw'r Diolchgarwch yn ŵyl swyddogol yn y calendr Cristnogol, ond ers iddi gael ei 'dyfeisio' gan Ficer Morwenstow yng Nghernyw yn ystod y ganrif ddiwethaf, mae bron bob eglwys ac ysgol yn cynnal gŵyl ddiolchgarwch. Mae pobl yn diolch i Dduw am holl ffrwythau'r ddaear ac yn rhoi bwyd ac arian i bobl sydd mewn angen.

Tudalennau 26/27 Mae Cristnogion yn dymuno ymrwymo'u bywydau i'w gilydd ym mhresenoldeb Duw. Mae llawer o bobl yn priodi yn yr eglwys o hyd. Yr offeiriad neu'r gweinidog sy'n arwain y gwasanaeth ac mae'r pâr yn addunedu i'w gilydd ac yn cael eu bendithio. Datganiad cyhoeddus o gariad y pâr at ei gilydd yw hwn. Yn y parti wedyn, mae'r teuluoedd yn cyfarfod i wneud ffrindiau newydd ac i gwrdd â hen rai.

Tudalennau 28/29 Mewn bedydd, caiff dŵr ei arllwys dros ben y plentyn a gwneir arwydd y groes mewn olew ar ei dalcen. Mae rhieni bedydd yn addo cefnogi'r rhieni a'r babi a sicrhau ei fod ef neu hi'n cael magwraeth Gristnogol. Mewn rhai eglwysi, caiff plant hŷn neu oedolion eu bedyddio pan fyddant yn gallu penderfynu drostynt eu hunain a ydynt am gael eu bedyddio ai peidio. Yn yr eglwysi hynny, y drefn yn aml yw trochi'r sawl sy'n cael ei fedyddio dros ei ben yn y dŵr.

Helo. Daniel ydw i. Rwy'n Gristion.

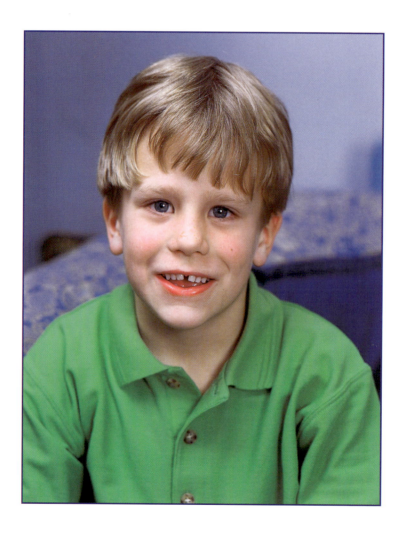

Dydd Sul yw hi heddiw. Mae'n ddiwrnod arbennig i Gristnogion. Rydw i newydd fod yn yr eglwys gyda 'nheulu. I'r capel y mae rhai pobl yn mynd.

Rydyn ni'n mynd i'r eglwys i addoli Duw gyda'n gilydd. Rydyn ni'n canu emynau ac yn gweddïo.

Yn ein heglwys ni, rydyn ni'n cynnau canhwyllau pan fyddwn ni'n gweddïo ar Dduw.

Ein hoffeiriad ni yw Tom. Mae e'n darllen storïau o'r Beibl am Iesu, Mab Duw.

Beth yw'r Beibl?

Ein llyfr arbennig ni yw'r Beibl. Yn y Beibl, mae Iesu'n ein dysgu ni i garu'n gilydd.

Mae fy chwaer a minnau'n darllen storïau am Iesu ym Meibl y teulu.

Yn y Beibl, mae Iesu'n ein dysgu i faddau ac i ddweud ei bod yn ddrwg gennym. Ond weithiau mae hynny'n beth anodd i'w wneud!

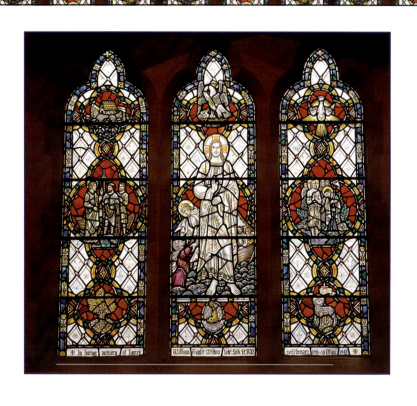

Yn ein heglwys ni, mae'r ffenestri gwydr lliw yn dangos lluniau o fywyd Iesu. Roedd e'n caru pobl ac yn gofalu amdanyn nhw ac fe ddysgodd ni i wneud yr un peth.

Beth mae'r ffenest hon yn ei ddangos?

Dyma rai o'n seintiau ni. Cristnogion arbennig sydd wedi byw yn dda yw seintiau. Rydyn ni'n ceisio dilyn eu hesiampl.

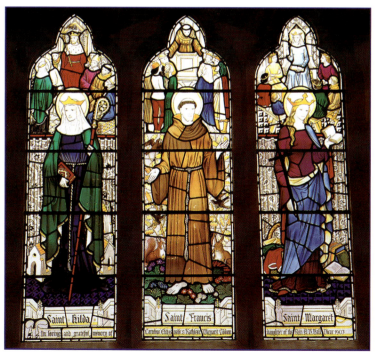

Pryd cafodd Iesu ei eni?

Cafodd Iesu ei eni ddwy fil o flynyddoedd yn ôl. Rydyn ni'n cofio geni'r Iesu adeg y Nadolig. Mae gennym fodel o'r baban Iesu yn y stabl.

Mae'r llun yma'n dangos y baban Iesu yn y stabl gyda Mair, ei fam.

Daeth y doethion ag anrhegion i'r baban Iesu. Rydyn ni'n rhoi cardiau ac anrhegion i'n gilydd adeg y Nadolig.

Mae Cristnogion yn credu mai Iesu yw goleuni'r byd. Yn ein heglwys ni, rydyn ni'n cynnau llawer o ganhwyllau adeg y Nadolig i'n hatgoffa'n hunain o Iesu.

Amser i gael hwyl yw'r Nadolig ond mae'r Pasg yn amser hapus a thrist. Mae'r eglwys yn llwm ac yn wag ar ddydd Gwener y Groglith. Mae pawb yn teimlo'n drist.

Pam y mae pawb yn drist?

Maen nhw'n drist am fod Iesu wedi marw ar y groes ond mae'n rhaid cofio mai er ein mwyn ni y gwnaeth e hynny.

Ar Ddydd y Pasg rydyn ni'n hapus iawn oherwydd bod Iesu wedi dod yn fyw eto. Mae'r eglwys yn edrych yn lliwgar ac yn hardd.

Pam ydych chi'n paentio wyau?

Rydyn ni'n rhoi wyau Pasg i'n gilydd i'n hatgoffa fod Iesu wedi marw i roi bywyd newydd i ni.

Beth yw dy hoff amser o'r flwyddyn?

Rwy'n hoffi amser Diolchgarwch. Mae Dad yn fy helpu i wneud basged o ffrwythau i fynd i'r eglwys.

Yn y Cwrdd Diolchgarwch, rydyn ni'n dweud diolch am ein byd hardd ac am bopeth y mae Duw yn ei roi i ni.

Mae priodasau'n arbennig.
Pan fydd Cristnogion yn priodi, maen nhw'n addo caru a gofalu am ei gilydd.
Maen nhw'n gofyn i Dduw eu helpu pan fyddan nhw wedi priodi.

Ar ôl y briodas, mae pawb yn mynd i barti mawr ac yn cael tamaid o'r gacen briodas.

Mae hwn yn ddiwrnod arbennig hefyd. Fy ffrind, Heledd, yw'r babi. Mae hi'n cael ei bedyddio.

Rydyn ni i gyd yn ei chroesawu i deulu Duw ac yn addo helpu i'w magu yn y ffordd Gristnogol.

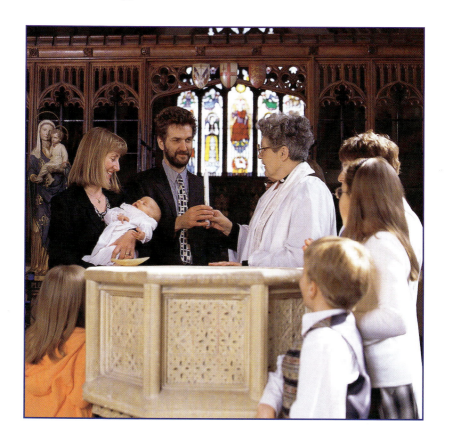

Geirfa

Bedydd - Arwydd fod rhywun yn aelod o'r teulu Cristnogol.
Capel - Adeilad lle mae rhai Cristnogion yn addoli.
Eglwys - Y man lle mae Cristnogion eraill yn addoli. Dyma'r enw hefyd am bobl dros y byd i gyd sy'n dilyn Iesu.
Emynau - Caneuon arbennig i foli Duw. Yn aml, maen nhw'n sôn am Iesu ac am fyw fel Cristion.
Gweddïau - Ffordd o siarad â Duw a gwrando arno.
Nadolig - Yr adeg pryd y mae Cristnogion yn dathlu geni Iesu.
Offeiriad - Y dyn neu'r fenyw sy'n arwain yr addoliad yn yr eglwys.
Pasg - Yr adeg pryd y mae Cristnogion yn cofio am Iesu'n marw ac yn dod yn ôl yn fyw.
Seintiau - Pobl arbennig sydd wedi dangos cariad Duw tuag at eraill. Mae Cristnogion yn ceisio byw yn debyg iddynt.

Mynegai

bedydd 28-29
Beibl, y 10-13
canhwyllau 9, 19
Diolchgarwch 24-25
Duw 8, 9, 25, 26
eglwys 7, 8, 9, 14, 19, 20, 22, 24
gweddïau 8, 9

Iesu 10-14, 16-19, 21-22
Mair, mam Iesu 17
Nadolig 16, 18, 20
offeiriad 10
Pasg 20-23
priodasau 26-27
seintiau 15